Erfurt war früh eine mächtige Handelsmetropole. Die Lage der Stadt am Schnittpunkt alter Handelsstraßen begünstigte ihren Aufstieg seit ihrer ersten Erwähnung im 8. Jahrhundert. Wer im Mittelalter hierher kam, konnte im wahrsten Sinn des Wortes sein blaues Wunder erleben: Nirgendwo sonst in Europa war die begehrte Farbpflanze Waid so üppig zu haben. Man handelte und stapelte, dehnte die Stadtgrenzen aus, die Bürger wurden reich. Sie waren es auch, die 1392 eine Universität ins Leben riefen, welche als erste deutsche alle vier klassischen Fakultäten vereinte. Berühmtester Student: Kirchenreformator Martin Luther, der sich 1501 für Jura einschrieb. Jüngeren Erkenntnissen zufolge soll auch Johannes Gutenberg hier studiert haben. In Erfurt wurde bereits im 15. Jahrhundert nach einem Verfahren mit beweglichen Lettern gedruckt.

Der Stern Erfurts sank, als die sächsischen Fürsten die Stellung Leipzigs festigten und der billigere Indigo den Waidhandel zum Erliegen brachte. Einem pfiffigen Ratsherrn war es zu verdanken, daß Erfurt im 17. Jahrhundert mit gewerblichem Gartenbau zu neuer Blüte gelangte. Der Kassenschlager: Kressekulturen, um die sich sogar Frankreich riß. Ab 1807 stand Erfurt sieben Jahre lang unter seinem Zepter. In diese Ära fiel auch die berühmte Begegnung Napoleons mit Goethe. Das letzte prominente Treffen der Stadtchronik fand erst 1970 statt: Am 19. März empfing hier der Vorsitzende des Ministerrates der DDR, Willi Stoph, den Kanzler der Bundesrepublik, Willy Brandt – ein Meilenstein für den späteren Grundlagenvertrag zwischen beiden deutschen Staaten.

Seit der friedlichen demokratischen Revolution 1989 und den gesamtdeutschen Bundestagswahlen 1990 ist Erfurt wieder Landeshauptstadt von Thüringen und heute das Zuhause von 206 000 Menschen.

Erfurt became a mighty trade metropolis at an early date. The location of the town at the intersection of old trading routes contributed to its rise since it was first mentioned in the 8th century. Those who came here during the Middle Ages could literally get blue: nowhere else in Europe was such an ample amount of the plant, "dyer's woad", to be had. People traded and made piles, the city limits were extended, the residents became rich. They were also the ones who established a university in 1392, which was the first in Germany to combine all four classical courses of study. The most famous student: church reformer Martin Luther, who enrolled for law in 1501. According to recent findings, Johannes Gutenberg is supposed to have studied here, too. Printing with movable letters was carried out according to his method as early as in the 15th century.

Erfurt's star went on the decline when the Saxon princes strengthened Leipzig's position and cheaper indigo brought the dyer's woad trade to a standstill. It was thanks to a smart town councillor that Erfurt underwent a revival in the 17th century with commercial horticulture. The big seller: watercress cultures which even France was crazy about getting. Beginning in 1807 Erfurt remained under its scepter for seven years.

Napoleon's famous encounter with Goethe also falls in this period. The last prominent meeting in the city's history took place in 1970: on March 19 the Chairman of the Council of Ministers of the German Democratic Republic, Willi Stoph, received the chancellor of the Federal Republic of Germany, Willy Brandt – a milestone for the later basic treaty between the two German states.

Since the peaceful democratic revolution in 1989 and the parliamentary elections for the whole of Germany in 1990, Erfurt has been, once again, the capital of Thüringen and is today the home of 206,000 people.

Erfurt fut jadis une puissante métropole du commerce. Sa situation géographique au croisement de vieilles routes commerciales favorisa sa croissance depuis sa fondation au 8e siècle. Qui visitait la ville au Moyen Age pouvait littéralement vivre und «merveille bleue»: Nulle part ailleurs, en Europe, le pastel, plante très recherchée fournissant une teinture bleue, ne pouvait être obtenue en aussi grande quantité. On vendait, accumulait, les limites de la ville étaint repoussées. Les habitants s'enrichirent. Ce sont eux qui, en 1392, fondèrent l'université. C'était la première d'Allemagne à réunir les quatre facultés classiques. L'étudiant le plus célèbre fut le réformateur de l'église Martin Luther qui s'inscrivit en droit en 1501. D'après des recherches récentes Johannes Gutenberg aurait également étudié ici. A Erfurt on imprimait dès le 15e siècle d'après son procédé des lettres mobiles.

L'étoile d'Erfurt baissa lorsque les princes saxons consolidèrent la position de Leipzig et lorsque l'indigo, meilleur marché, porta un coup mortel au commerce du pastel. Au 17e siècle, un rusé membre du conseil eut l'idée de développer l'horticulture ce qui apporta une nouvelle prospérité à la ville. Le grand favori: le cresson que, même les Français s'arrachaient.

A partir de 1807 Erfurt fut sous leur domination. Elle dura sept ans. C'est à cette époque qu'eut lieu la célèbre rencontre de Napoléon et de Goethe. La dernière rencontre célèbre de l'histoire de la ville eut lieu en 1970: Le 19 mars, le président du conseil des ministres de RDA, Willi Stoph, reçut ici le chancelier de la République Fédérale Willy Brandt – une étape importante pour l'établissement du traité ultérieur entre les deux états allemands.

Depuis la paisible révolution démocratique de 1989 et les élections de toute l'Allemagne à diète fédérale, en 1990, Erfurt est de nouveau la capitale du land de Thuringe et comprend aujourd'hui 206 000 habitants.

Drehscheibe der europäischen Geschichte

Mitten im Herzen Deutschlands gelegen ist Erfurt seit 1990 wieder die Landeshauptstadt von Thüringen. Die größte Stadt Thüringens wird geprägt durch das monumentale Ensemble von Mariendom und Severikirche mit der über 500 Jahre alten berühmten und klangvollen Glocke Gloriosa. Mit seinen reichen Patrizierhäusern, den sanierten und liebevoll gepflegten Fachwerkhäusern, sowie den vielen Kirchen die die Stadt zum »thüringischen Rom« machten, ist Erfurt die Stadt mit dem

Situated in the heart of Germany, Erfurt was reinstated as the state capital of Thuringia in 1990. One of the distinctive features of Thuringia's biggest city is the monumental ensemble of Mariendom and Severikirche with the famous and sonorous, over 500 year-old Gloriosa Bell. Erfurt, whose rich patrician houses, restored and lovingly maintained half-timbered houses and many churches led to its being called "Thuringian Rome", is the city with the best preserved medieval town center

Situé au coeur de l'Allemagne, Erfurt est, de nouveau, depuis 1990, la capitale du land de Thuringe. C'est la plus grande ville de Thuringe et elle est caractérisée par l'ensemble monumental de la cathédrale Notre-Dame et de l'église Saint-Sever avec sa célèbre cloche «Gloriosa», vieille de 500 ans, dont le timbre est particulièrement beau. Avec ses riches demeures patriciennes, ses maisons à colombages soigneusement restaurées et ses nombreuses églises qui lui valurent jadis d'être appelée

am besten erhaltenen mittelalterlichen Stadtkern Deutschlands. Der Domplatz mit seinen hohen, schmalen Fachwerkhäusern konnte sich vor allem an seiner Ostseite einen Hauch vom Mittelalter erhalten nachdem das einstmals dichte Häusergewirr dem preußisch-französischem Krieg von 1813 teilweise zum Opfer fiel. Heute pulsiert das Leben in der Metropole Thüringens, die durch ihre zentrale Lage auch alle Voraussetzungen für nationale und internationale Tagungen, Kongresse, Messen und Ausstellungen bietet.

in Germany. Domplatz with its high and narrow half-timbered houses has been able to preserve a touch of the Middle Ages, particularly on its eastern side, after the once dense maze of houses fell victim in part to the Franco-Prussian War of 1813. Today life pulsates in Thuringia's metropolis, which offers all the prerequisites for national and international conferences, conventions, trade fairs and exhibitions thanks to its central location.

la «Rome de Thuringe», Erfurt est la ville d'Allemagne dont le vieux centre médiéval est le mieux conservé. La place de la Cathédrale avec ses maisons à colombages hautes et étroites, garde, surtout sur le côté est, un charme médiéval après que le dense entrelacs des ruelles ait été en partie détruit pendant la guerre franco-prussienne de 1813. De nos jours la vie pulse dans la métropole de Thuringe qui, grâce à sa situation centrale, réunit toutes les conditions requises pour les congrès, les symposiums, les foires et les expositions.

An einer Furt über die Gera, die ursprünglich Erpha hieß, kreuzten sich früh bedeutende Handelswege. Seit dem 12. Jahrhundert wird sie von einer Brücke überspannt, auf der heute noch 32 Fachwerkhäuser thronen: Die Krämerbrücke von 1325 ist die einzige bebaute und bewohnte Brücke nördlich der Alpen. Wer das florentinische Ambiente genießen will, ist in einem der hübschen Straßen- und Brückencafés am besten aufgehoben (oben).

At an early date important trading routes intersected at a ford over the Gera, which was originally called Erpha. Since the 12th century it has been spanned by a bridge, on which 32 half-timbered houses still stand in splendor today: the Krämer Bridge dating from 1325 is the only bridge north of the Alps having houses and people living in them. Those who wish to enjoy the Florentine ambience are advised to pay a visit to one of the lovely street and bridge cafés (above).

A un gué de la Gera qui s'appelait jadis Erpha, se croisaient des routes commerciales qui eurent très tôt une grande importance. Depuis le 12e siècle la rivière est enjambée par un pont sur lequel trônent encore 32 maisons à colombages: Le Krämerbrücke de 1325 est le seul pont avec des édifices habités au nord des Alpes. Qui veut jouir de l'atmosphère florentine s'installera de préférence à la terrasse d'un joli café (ci-dessus).

Die Krämerbrücke mit ihrer liebevoll restaurierten Häusergalerie aus dem 15. bis 19. Jahrhundert führt direkt zum Fischmarkt. Hier zieht vor allem das neugotische Rathaus von 1875 die Blicke auf sich (rechts).

The Krämer Bridge with its lovingly restored group of houses dating from the 15th to 19th century leads directly to the Fish Market. Here the eyes of passers-by are particularly drawn to the neo-Gothic Town Hall from 1875 (right).

Le Krämerbrücke avec sa rangée de maisons si joliment restaurées, datant du 15 au 19e siècle conduit directement au Fischmarkt. L'hôtel de ville néo-gothique de 1875 (à droite) en constitue la principale attraction.

SchuhMode
NaturMode
ERÖFFNUNG
SONNTAG
NSTHALLE ERFURT
LACOSTE

Wo im 16. Jahrhundert ein reicher Erfurter Händler residierte, präsentiert heute die Kunsthalle ihre Schätze: Das Haus »Zum Roten Ochsen«, erbaut 1562, zählt zu den prächtigsten Renaissancebauten der Stadt. Im Schatten seines Giebels erhebt sich der »Roland«, der eigentlich einen Römer darstellt. Er wurde 1591 von Israel von der Milla geschaffen.
Als architektonische Kostbarkeit gilt das Haus »Zum Breiten Herd« aus dem Jahre 1584. Seit 100 Jahren bildet es mit dem damals erbauten Gildehaus eine imposante Einheit. Auch ein Blick hinter die Kulissen lohnt sich: Im Gildehaus ist ein Restaurant untergebracht.

Today the art gallery presents its treasures at the site where a rich Erfurt trader resided in the 16th century: the House "Zum Roten Ochsen" (built in 1562) numbers among the city's most magnificent Renaissance structures. Beneath its gable stands "Roland", who actually represents a Roman. The statue was created by sculptor Israel von der Milla in 1591.
The House "Zum Breiten Herd" dating from 1584 is considered to be an architectural gem. For hundreds of years it, along with the Guildhall built at that time, has formed an imposing unity. A look behind the scenes is also worthwhile: The guildhall contains a restaurant.

La demeure d'un riche commerçant du 16e siècle accueille à présent une galerie d'art: La maison «Zum Roten Ochsen» (1562) compte parmi les plus beaux édifices Renaissance de la ville. A l'ombre de son pignon se dresse «Roland» mais il s'agit en fait d'un Romain. C'est l'œuvre du sculpteur Israel von der Milla. Elle date de 1591. La maison «Zum Breiten Herd» datant de 1584 est considérée comme l'un des trésors architecturaux de la ville. Elle forme un imposant ensemble avec la maison de la Guilde. Un coup d'œil sur l'envers du décor réserve une bonne suprise. Dans la maison de la Guilde se trouve un restaurant.

EINHAUS

Hinter den biederen Mauern des Hauses »Zur Engelsburg« ging es einst hoch her. Das Erkerzimmer war Anfang des 16. Jahrhunderts Treffpunkt des Erfurter Humanistenkreises. Crotus Rubeanus verfaßte hier den ersten Teil der berühmten »Dunkelmännerbriefe«, die sich gegen Ignoranz und Geistesenge wandten. Ein Kuriosum stellt die Allerheiligenkirche aus dem 13./14. Jahrhundert dar: Sie gleicht im Grundriß einem Trapez – ihr Baumeister hatte sie einfach der Straßengabelung angepaßt.

A lot used to go on behind the conventional walls of the House "Zur Engelsburg". The room with the bay window was a meetingplace for Erfurt's circle of humanists at the beginning of the 16th century. Crotus Rubeanus wrote the first part of the famous "Dunkelmännerbriefe" ("Letters of Obscurantists"), which came out against ignorance and narrow-mindedness. The All Saints' Church dating from the 13th/14th century is a curious edifice: in its ground plan it resembles a trapezoid – its builder had simply adapted it to the fork in the road.

Derrière les murs tout simples de la maison «Zur Engelsburg» se passaient jadis de grandes choses. La pièce en saillie était, au début du 16e siècle, le lieu de rencontre des humanistes d'Erfurt. Crotus Rubeanus rédigea ici la première partie des célèbres «Lettres des Hommes Sombres» qui dénonçaient l'ignorance et l'étroitesse d'esprit. L'Allerheiligenkirche des 13/14e siècles est une curiosité: Son plan est en forme de trapèze – l'architecte l'avait tout simplement adapté à l'angle des rues.

Nachdem im 13. Jahrhundert ein bürgerlicher Rat die Stadtverwaltung übernommen hatte, gewann Erfurt als zentraler Handelsplatz und Hauptmarkt für die blaue Färberpflanze Waid zusehends an Bedeutung. Die besten Adressen jener Glanzzeit, die bis ins 16. Jahrhundert dauerte, sind bis heute zu bewundern – wie hier in der Allerheiligenstraße die Häuser »Zum Blumenstein« und »Zur Windmühle«.

After a civil council took over the town administration in the 13th century, Erfurt became increasingly important as the central trading site and main market for the blue dye plant, dyer's woad. The best addresses during that heyday, which lasted until into the 16th century, can still be admired today – like House "Zum Blumenstein" and House "Zur Windmühle" here in Allerheiligenstraße.

Après qu'au 13e siècle un conseil des bourgeois de la ville eut pris en charge l'administration de la ville, Erfurt acquit une grande importance comme lieu d'entreposage et marché de la plante pastel fournissant une teinture bleue. Les meilleures adresses de cette période brillante qui dura jusqu'au 16e siècle, peuvent être admirées encore aujourd'hui – comme ici les maisons «Zum Blumenstein» et «Zur Windmühle» dans la Allerheiligenstraße.

Allein der Waidhandel soll den Erfurtern jährlich drei Tonnen Gold beschert haben. Exzellente Buchdrucker sorgten für einen Auftragsboom, und als größten Ausdruck des bürgerlichen Selbstbewußtseins gönnte man sich schließlich eine Universität frei von jeder Fürstengunst. Mit Hilfe umfangreicher Restaurierung in den 60er Jahren überstand auch der frühere Komthurhof die Stürme der Zeit. Der Renaissancebau von 1570 beherbergt derzeit eine evangelische Predigerschule.

Alone the trade in dyer's woad is suposed to have bestowed three tons of gold annually upon the people of Erfurt. Excellent printers provided for a boom in orders and, as the highest expression of bourgeois self-confidence, the town conferred upon itself a university free of any royal favor.
With the help of extensive restoration during the 1960s the former Komthurhof was also able to withstand the ravages of time. The Renaissance structure dating from 1570 now houses a Protestant preacher school.

Le commerce du pastel aurait rapporté, à lui seul, par an, trois tonnes d'or aux commerçants de la ville. D'excellents imprimeurs provoquèrent un grand afflux de commandes et enfin, expression suprême de l'assurance des bourgeois de la ville, ils s'accordèrent une université indépendante de toute faveur princière. L'ancien «Komthurhof» fut restauré de façon extensive dans les années soixante, ce qui lui permit de résister aux ravages du temps. Cet édifice Renaissance de 1570 abrite présentement une école de prédicateurs protestante.

Die Erfurter Universität war im 16. Jahrhunde
Mittelpunkt des deutschen Humanismus. Ihre juristische Fakultät erlangte Berühmtheit, Martin Luther pries sie als Student ebenso wie Adam Riese, der hier 1518 sein legendäres Rechenbuch herausgab. Übrig blieb von ihr nu das Eingangsportal, das heute als Tor zu neuen Aufbruch gilt: Die Universität, 1392 gegründet und 1816 geschlossen, soll demnächst als Europäische Hochschule wiedererstehen.

The University of Erfurt was the center of Ger man humanism in the 16th century. Its law faculty attained fame, Martin Luther praised it as a student as did Adam Riese, who published his legendary mathematics book here in 1518. All that remained of it was the entrance portal, which is regarded today as the gate to a new start: the university, founded in 1392 and close in 1816, is to come alive again soon as a European school of higher education.

L'université d'Erfurt était au 16e siècle le foyer de l'humanisme allemand. Sa faculté de droit était célèbre. Martin Luther et Adam Riese qui publia ici, en 1518, son légendaire manuel d'arithmétique y étudièrent et en firent l'éloge. Seul le portail a subsisté. Il est considéré aujourd'hui comme une porte sur l'avenir: L'université fondée en 1392 et fermée en 1816 doit être réouverte prochainement et devenir une grande école européenne.

In diesem rumpeligen Gäßchen schlug einst das wirtschaftliche Herz der Stadt. Kaufleute aus ganz Europa stapelten hier in den Speicherhäusern ihre kostbaren Waren. Heute gilt die Waage als älteste Straße Erfurts.

The economic heart of the city once beat in this bumpy lane. Merchants from all over Europe stacked their valuable goods in the storehouses here. Today "Waage" is considered to be Erfurt's oldest street.

Cette ruelle mal pavée était jadis le centre de l'activité économique de la ville. Les marchands de toute l'Europe entier entreposaient ici leurs précieuses marchandises. La «Waage» passe pour être la plus vieille rue d'Erfurt.

Auf dem Domplatz herrschte bis zum Beginn des 19. Jahrhunderts dichtes Häusergewirr, das jedoch teilweise dem preußisch-französischen Krieg (1813) zum Opfer fiel. Später wurde der Platz geebnet und gepflastert, aber nicht neu bebaut. Vor allem die Ostseite mit ihren hohen, schmalen Fachwerkhäusern konnte sich einen Hauch des Mittelalters bewahren.

Up to the beginning of the 19th century a dense maze of houses dominated Domplatz, some of which fell victim to the Franco-Prussian War (1813). Later the square was levelled and paved, but not redeveloped. Particularly the east side with its high, narrow half-timbered houses was able to retain a touch of the Middle Ages.

Jusqu'au 19e siècle les maisons s'enchevêtraient sur la place de la cathédrale mais elles furent dévastées pendant la guerre franco-prussienne (1813). Plus tard la place fut aplanie et pavée mais les maisons ne furent pas reconstruites. Le côté est, en particulier, bordé de constructions à colombages hautes et étroites a gardé un air médiéval.

Im Haus »Sonneborn« von 1546 wurde schon so mancher Traum wahr. Nicht nur für Kunstliebhaber, die vom einzigartigen Bohlenzimmer mit seinen Malereien aus dem 16. Jahrhundert schwärmen: Hinter der fröhlich gelben Fassade verbirgt sich nämlich das Standesamt.

Many a dream came true in House "Sonneborn", dating from 1546. Not only for art lovers who are wild about the unique plank room with its 16th century paintings: behind the cheerful yellow facade is the registry office.

Bien des rêves devinrent réalité dans la maison «Sonneborn» (1546). Et ceci non seulement pour les amis de l'art qui portent aux nues la très originale «Bohlenzimmer» et ses peintures du 16e siècle: Derrière l'aimable façade jaune se cache le bureau de l'état civil.

Es war im Juni 1791, als Karoline von Dacheröden Wilhelm von Humboldt ihr Jawort gab – und zwar hier, im Doppelhaus »Zum Goldenen Hecht« und »Zum Großen und Neuen Schiff« am Anger (1833 wurden beide Häuser vereinigt). Sein Renaissanceportal gilt als das schönste der Stadt.

It was in June 1791 that Karoline von Dacheröden said "I do" to Wilhelm von Humboldt – here, in fact, in the double house "Zum Goldenen Hecht" and "Zum Großen Neuen Schiff" at Anger (in 1833 the two houses were joined). Its Renaissance portal is regarded as the most beautiful one in the city.

C'est en juin 1791 que Karoline de Dacheröden accepta d'épouser Wilhelm de Humboldt – ici, dans la maison double «Zum Goldenen Hecht» et «Zum Großen Neuen Schiff» sur l'Anger (elles furent réunies en 1833). Son portail Renaissance est considéré comme le plus beau de la ville.

Die thüringische Staatskanzlei konnte sich kein würdigeres Domizil aussuchen als die ehemalige Kurmainzische Statthalterei, erbaut 1713 bis 1720. Der monumentale Barockbau war kurzzeitig Zentrum europäischer Großmachtpolitik, als Napoleon nach der Schlacht von Jena und Auerstedt hier residierte. »Was für ein Mann!«, soll er bewundernd ausgerufen haben, als er anläßlich des von ihm einberufenen Fürstenkongresses 1808 Goethe traf.

The Thuringian state chancellery, built from 1713 to 1720, could not have picked out a more dignified domicile than the former Kurmainz governor's office. The monumental baroque edifice was the center of European power politics for a short time when Napoleon resided here after the battle of Jena and Auerstedt. "What a man!", he is supposed to have exclaimed in admiration when he met Goethe at the Royal Congress he convened in 1808.

La chancellerie de Thuringe ne pouvait choisir de plus noble demeure que l'ancien palais du gouverneur de Kurmainz, construit en 1713–20. Ce monumental édifice baroque fut, pendant un temps très bref, le centre de la diplomatie européenne. Napoléon y résida après les batailles de Iéna et Auerstedt. Ayant rencontré Goethe (1808) à l'occasion d'un congrès princier qu'il avait convoqué, il se serait écrié: «Quel homme!».

Von den über 21 Pfarrkirchen, mehr als 15 Klosterkirchen und Kapellen, 11 Klöstern und vier Stiftskirchen, die der Stadt den Beinamen »Erfordia turrita« eintrugen, stehen jetzt noch 24 – wenn auch nicht immer komplett. Die im 12. Jahrhundert gegründete Ägidienkirche dient heute Wohnzwecken. Sie zeigt nur noch an der östlichen Giebelwand kirchliche Bauformen und einen Torbogen als Verbindung vom Wenigemarkt zur Krämerbrücke.

Of the once 21 parish churches, more than 15 monastery churches and chapels, 11 monasteries and four collegiate churches that gave the city the nickname "Erfordia Turrita" only 24 are still standing – though not all of them are complete. Ägidienkirche, built in the 12th century, now serves residential purposes. It displays church structures and an archway as a connection between Wenigemarkt and Krämer Bridge only on the east gable wall.

Des quelques 21 églises paroissiales, 15 églises de monastères et chapelles, 11 monastères et 4 églises collégiales qui valurent à la ville le nom d'«Erfordia Turrita» (Erfurt aux nombreuses tours), 24 ont traversé le temps bien qu'elles ne soient pas toujours entières. Seul le clocher de la Paulskirche subsiste. L'église Saint-Egidius, fondée au 12e siècle, sert aujourd'hui de maison d'habitation. Elle ne présente plus de formes architecturales ecclésiastiques que sur le pignon est et l'un de ses porches relie le Wenigemarkt au Krämerbrücke.

Der Anger taucht 1196 zum ersten Mal in den Annalen auf. Der frühere Marktplatz für den Waidhandel hat sich in den 70er Jahren zur Hauptgeschäftsstraße entwickelt. Sein besonderer Reiz liegt in den umliegenden historischen Gebäuden, zum Teil herrliche Häuser aus Gründerzeit und Jugendstil. Die Ge-

Anger first appeared in the annals in 1196. The former marketplace for dyer's woad trade developed into the main shopping street. Its special charm is due to the surrounding historical buildings, some of them magnificent examples from the "Gründer" (towards the end of the 19th century) and Art Nouveau periods. The

L'Anger est mentionné dans les annales pour la première fois en 1196. Cet ancien lieu de marché pour le commerce du pastel est devenu, dans les années 70, la principale rue commerçante. Son attrait particulier est dû aux bâtiments historiques qui le bordent et qui sont souvent de magnifiques exemplaires du style

schichte des Angers ist mit prominenten Namen verbunden: Zar Alexander I. logierte hier ebenso wie Königin Marie Eleonore von Schweden, der man an dieser Stelle während des Dreißigjährigen Krieges die Nachricht vom Tod ihres Mannes Gustav Adolf überbrachte.

history of Anger is connected with prominent names: Czar Alexander I spent the night here as well as Queen Marie Eleonore of Sweden, who was brought the news of the death of her husband, Gustav Adolf, at this site during the 30 Years' War.

de la fondation de l'empire ou 1900. L'histoire de l'Anger est lié à des noms célèbres: Le tsar Alexandre I et de la reine Marie Eleonore de Suède séjournèrent ici. C'est à cet endroit que, pendant la guerre de Trente Ans, cette reine apprit la nouvelle de la mort de son mari, Gustave Adolphe.

Die mächtige Handelsmetropole der Vergangenheit ist auch heute noch ein Einkaufsparadies. Ob Shoppingvergnügen in der historischen Innenstadt oder in modernen Einkaufszentren am Stadtrand, die Landes-

The mighty trade metropolis of the past is still a shopping paradise. Whether you enjoy shopping in the historical section of town or in modern shopping centers in the outskirts, the capital of the federal state offers attractive

Cette puissante métropole commerciale du passé est, encore aujourd'hui, un paradis pour faire des emplettes. Qu'il s'agisse d'achats dans le vieux centre-ville ou dans les centres commerciaux modernes de la périphérie, les

BREUNINGER
3 Europaplatz
EVAG

hauptstadt bietet attraktive Einkaufsmöglichkeiten für jeden Geschmack und Geldbeutel. Nach dem Westfälischen Frieden, der den Dreißigjährigen Krieg beendete, hatten sich die Erfurter Reichsfreiheit erhofft. Sie wurden enttäuscht. Von 1664 bis 1802 sicherten sich die Mainzer Erzbischöfe die Herrschaft über die Stadt. St. Wigberti wurde 1698 Hofkirche der Statthalter. Der Angerbrunnen plätschert erst seit 1890.

opportunities for shoppers of every taste and budget.
After the Westphalian Peace Treaty, which ended the 30 Years' War, the people of Erfurt hoped to have a free city. They were disappointed: from 1664–1802 the Mainz archbishops secured for themselves rule over the city. St. Wigberti's became the court church of the governors in 1698. Anger Fountain has been splashing water only since 1890.

attrayants magasins de la capitale du land offrent des marchandises pour tous les goûts et pour toutes les bourses.
Après le traité de Westphalie qui mettait fin à la guerre de Trente Ans, les habitants d'Erfurt avaient espéré obtenir la liberté d'empire. Ils furent déçus. De 1664 à 1802 les archevêques de Mayence régnèrent sur la ville. L'église St. Wigberti devint en 1698 l'église du gouverneur et de sa cour. La fontaine Angerbrunnen ne clapote que depuis 1890.

Mit dem Bau der Thüringischen Eisenbahn wurde die industrielle Entwicklung Erfurts stark beschleunigt. 1847 begann der regelmäßige Zugverkehr nach Weimar, danach auch mit Gotha. Das heutige Bahnhofsgebäude (rechts) stammt von 1893.

Erfurt's development was greatly accelerated by the construction of the Thuringian railway. Regular train service to Weimar as well as with Gotha began in 1847. The present station building (right) dates from 1893.

La construction du chemin de fer de Thuringe accéléra beaucoup le développement industriel d'Erfurt. A partir de 1847, des communications régulières furent établies avec Weimar puis avec Gotha. La gare actuelle date de 1893.

HAUPTBAHNHOF
DB
Herzlich Willkommen
Mittendrin statt außen vor
InterCityHotel
ERFURT
Der Supermarkt
REWE

Wem hätten die Erfurter ein Denkmal widmen sollen wenn nicht Martin Luther? Der Kirchenreformator hatte in ihrer Stadt studiert und gelehrt, wurde hier 1507 zum Priester geweiht. Fritz Schaper erinnert mit seiner Skulptur von 1889 an seinen Aufenthalt. Das Denkmal steht vor der Kaufmannskirche, wo der Bergmannssohn aus Eisleben 1522 die Menschen mit seiner Predigt begeisterte.

Whom should the people of Erfurt have dedicated a monument to if not to Martin Luther? The church reformer had studied and taught in their city, was ordained as a priest here in 1507. Fritz Schaper left a memorial to his stay with his sculpture from 1889. The monument stands in front of the Kaufmannskirche, where the son of a miner from Eisleben 1522 inspired the people with his sermon.

A qui les habitants d'Erfurt auraient-ils pu dédier un monument sinon à Martin Luther? Le réformateur de l'église avait étudié et enseigné dans leur ville et y fut consacré prêtre en 1507. Fritz Schaper rappelle son séjour dans la ville avec sa sculpture de 1889. Ce monument se trouve devant la Kaufmannskirche, où, en 1522, le fils de mineurs enflamma la foule par son sermon.

Wissen Sie, wo Napoleon in Erfurt zum Ball lud? Wo Stücke von Goethe und Schiller das Publikum zu Ovationen hinriß? Wo die deutschen Sozialdemokraten mit Bebel und Liebknecht 1891 das Erfurter Programm beschlossen? Die Antwort liegt in der Futterstraße. Die restaurierten Kongreß- und Kaisersäle lassen den Glanz früherer Tage wieder lebendig werden.

Do you know where Napoleon invited people to a ball in Erfurt? Where plays by Goethe and Schiller elicited ovations from the audience? Where the German Social-Democrats with Bebel and Liebknecht decided on the Erfurt Program in 1891? The answer lies in Futterstraße. The restored congress and imperial rooms bring back again the splendor of earlier days.

Savez-vous où Napoléon donna un bal à Erfurt? Où les pièces de Goethe ou de Schiller déchaînèrent les acclamations? Où les sociaux démocrates allemands avec Bebel et Liebknecht établirent le Programme d'Erfurt en 1891? La réponse se trouve dans la Futterstraße. Les salles du Congrès et de l'Empereur, restaurées, font revivre la splendeur d'autrefois.

Beim Bummel durch die Altstadt läßt sich mancher geschichtsträchtige Winkel entdecken. So etwa das ehemalige Universitätshospital, die alte Studentenburse an der Gera (oben), oder – nicht weit entfernt – das Restaurant »Zum Schwan«, wo der Wegbereiter der deutschen Klassik, Christoph Martin Wieland, von 1769 bis 1772 wohnte.

Many a histroical spot can be discovered while strolling through the Old Town. Like the former University Hospital, the old students' hostel on the Gera (above), or – not far away – the restaurant "Zum Schwan", where the forerunner of the German classical period, Christoph Martin Wieland, lived from 1769 to 1772.

En se baladant dans la ville l'on découvre bien des emplacements historiques. L'ancien hôpital de l'université, par exemple, l'ancienne «Studentenburse» sur la Gera (ci-dessus) ou, tout prés de là, le restaurant «Zum Schwan» où le précurseur du classisisme allemand, Christoph Martin Wieland habitait (1769–1772).

Umfangreiche Sanierungsarbeiten in den vergangenen Jahren brachten so manches Schmuckstück wieder zum strahlen, wie z. B. diese beiden Fachwerkhäuser in der Kreuzgasse.

Extensive rehabilitation in recent years has restored the past splendor of many a gem, as in the case of these two half-timbered houses in Kreuzgasse.

Les traveaux d'assainissement extensifs des dernièrs années rendirent leur éclat à de nombreux bijoux, à ces deux maisons à colombages de la Kreuzgasse, par exemple.

Das »thüringische Rom« – die Lutherstadt

Wenn die zwölf Tonnen schwere »Gloriosa« des Domes St. Marien, ein Meisterwerk mittelalterlicher Glockengießkunst, über die Dächer der Stadt schallt, scheint die Zeit still zu stehen. Auf dem Domhügel wird seit über 1200 Jahren katholischer Gottesdienst gefeiert. Zusammen mit der Stiftskirche St. Severi bildet der Dom ein einmaliges Ensemble gotischer Kirchenbaukunst (unten: Triptychonaltar »Einhornjagd«).
70 Stufen trennen den Besucher von dem monumentalen Kirchen-Duo.

When the 12-ton heavy "Gloriosa" of the St. Marien Cathedral, a masterpiece of medieval bell foundry workmanship, peals over the roofs of the city, time seems to stand still. Catholic services have been celebrated on Cathedral Hill for over 1200 years. Along with the St. Severi Collegiate Church the cathedral forms a unique ensemble of Gothic church architecture (bottom: Triptychon Altar "Unicorn Hunt"). 70 steps separate the visitor from the monumental church duo.

Lorsque la «Gloriosa» de la cathédrale Sainte-Marie, lourde de 12 tonnes – un chef-d'œuvre de l'art médiéval de la fonte des cloches – résonne au-dessus des toits de la ville, le temps semble s'immobiliser. Sur la colline de la cathédrale la messe catholique est célébrée depuis plus de 1200 ans. La cathédrale forme avec l'église collégiale St. Severi un ensemble d'architecture sacrée gothique unique en son genre (ci-dessous: le triptyque de la «Chasse à la Licorne»). 70 marches mènent au duo monumental.

Zu den Kostbarkeiten des Mariendomes zählen das 1350 vollendete Chorgestühl aus Eiche (oben) und der bronzene Wolframleuchter aus dem 12. Jahrhundert (rechts). Prunkstücke in St. Severi bilden das Alabasterrelief des Hl. Michael (1467) und der Sandstein-Sarkophag des Hl. Severus aus dem Jahre 1363.

The cathedral's treasures include the oak choir stalls (above), completed in 1350, and the bronze tungsten chandelier dating from the 12th century (right). St. Severi's showpieces consist of the alabaster relief of St. Michael (1467) and the sandstone sarcophagus of St. Severus dating from 1363.

Les stalles du chœur en chêne, complétées en 1350 (ci-dessus) et le chandelier de Wolfram en bronze du 12e siècle (à droite) sont parmi les objets les plus précieux du Mariendom. Autres trésors d'art dans l'église St. Severi: le bas-relief d'albâtre de Saint Michel (1467) et le sarcophage de Saint Sévère datant de 1363.

Wären Blitz und Donner nicht gewesen, die Luther einst zu dem Gelübde bewegten, ein Mönch zu werden – Erfurt wäre um eine Attraktion ärmer. Doch so wurde das Augustinerkloster aus dem 14. Jahrhundert, wo der spätere Reformator 1505 als Novize eintrat, zur Pilgerstätte für evangelische und katho-

If it were not for thunder and lightning which once made Luther take the vows for becoming a monk, Erfurt would have had one less attraction. Thus, however, the 14th century Augustinian monastery, which the later reformer entered as a novice in 1505, became a site to which Protestant and Catholic Christians from

Si, ému par les éclairs et le tonnerre, Luther n'avait pas prêté serment de devenir moine, Erfurt aurait une attraction de moins. Ainsi le monastère des Augustins du 14e siècle où le futur réformateur entra comme novice en 1505, est devenu un lieu de pélerinage pour les protestants et les catholiques du monde entier.

ische Christen aus aller Welt. Schon im 16. Jahrhundert galt Luthers Zelle als Sehenswürdigkeit. Nachdem im 19. Jahrhundert ein Brand den Trakt zerstörte, wurde dieser Raum an gleicher Stelle wieder eingerichtet. Gleich nebenan informiert eine Ausstellung über Luther und seine Zeit.

all over the world went on a pilgrimage. As early as in the 16th century Luther's cell was regarded as a sight worth seeing. After a fire destroyed that section of the building in the 19th century, this room was set up again at the same place. An exhibition next door provides information on Luther and his times.

Dès le 16e siècle, la cellule de Luther était une curiosité. Après qu'au 19e siècle un incendie eut détruit l'édifice, cette pièce fut réaménagée au même endroit. Juste à côté, une exposition informe sur Luther et son temps.

Die Predigerkirche aus dem 14. Jahrhundert gilt als eindrucksvolles Beispiel der Bettelmönchsarchitektur. Den Dominikanern kam es weniger auf die Verpackung als auf den Inhalt an: In dieser Pfeilerbasilika predigte ihr berühmter Ordensbruder Meister Eckhart, einer der größten Mystiker des Mittelalters – und zwar in deutscher Sprache.

The 14th century Preacher Church is considered to be an impressive example of mendicant monk architecture. The Dominicans were less interested in the packaging than in the content: their famous brother monk, Master Eckhart, one of the greatest mystics of the Middle Ages preached in this columned basilica, namely in German.

La Predigerkirche du 14e siècle constitue un exemple impressionnant d'architecture des moines mendiants. Les dominicains accordaient moins d'importance à l'emballage qu'au contenu: Dans cette basilique à piliers prêcha le célèbre Maître Eckhart, de la même confrérie, l'un des plus grands mystiques du Moyen Age – et ceci, en langue allemande.

Auch die Schotten haben ihre Spuren an der Gera hinterlassen. Die Klosterkirche des ehemaligen Schotten-Klosters St. Jakob ist in der Grundsubstanz eines der wenigen romanischen Zeitzeugen der Stadt. Die Basilika wurde um 1200 eingeweiht, erhielt 1512 einen gotischen Turm mit welscher Haube und 1742 ihren barocken Außenputz.

Even the Scots left their mark on the Gera. The monastery church of the former Scottish monastery of St. Jacob's is, in its basic structure, one of the few Romanesque witnesses of the past in the city. The basilica was consecrated around 1200, was given a Gothic tower with Swiss-French roof in 1512 and received its baroque exterior plaster in 1742.

Même les Ecossais ont laissé leur marque au bord de la Gera. L'église de l'ancien Monastère-Ecossais St. Jakob est, pour l'essentiel de la bâtisse, d'origine romane, chose rare ici. La basilique fut consacrée vers 1200 et fut dotée en 1512 d'une tour gothique surmontée d'un sommet arrondi latin. Son revêtement extérieur baroque date de 1742.

Wo die Kultur lebendig bleibt

Erfurt, im Herzen Deutschlands, mit seinem einmaligen kulturellem Erbe, ist ein Mekka für Kunstliebhaber. Ob Domtreppenfestspiele oder Konzert, Schauspiel, Tanztheater oder Oper, das breitgefächerte Angebot bietet für jeden Wunsch und Geschmack den richtigen Rahmen. Der imposante neue Theaterbau führt die Tradition des alten Erfurter Opernhauses weiter und bietet nicht nur Musiktheater der Weltklasse. Auch Kabarett und Puppentheater sind mit von der Partie: Ihre Bühnenbretter liegen im gotischen Waidspeicher.

Thanks to its unique cultural heritage in the heart of Germany, Erfurt is a mecca for art lovers. Whether the Domtreppen Festival or concerts, theatrical and dance performances or operas, the broad selection of events provides the right setting for every wish and taste. The imposing new theater building continues the tradition of the old Erfurt Opera House and not only offers world-class music theater. Even cabaret and puppet theater are on the list: their stage boards are located in the Gothic "Waidspeicher", "Dyer's Woad Storehouse".

Erfurt, situé au cœur de l'Allemagne, avec son héritage unique est une véritable Mecque de l'art, qu'il s'agisse du «festival des Escaliers de la Cathédrale», de concerts, de pièces de théâtre, de danse ou d'opéra. L'offre très riche comble tous les goûts et tous les désirs. Le nouvel édifice imposant du théâtre prolonge la tradition de l'ancien opéra et offre, entre autres, des spectacles de théâtre musical de rang international. Le cabaret et le theatre de marionnettes sont aussi de la partie: Leur scène se trouve dans l'entrepôt à pastel gothique.

Nach wie vor ist die Gera der Motor, der die Mühle zum laufen bringt. Seit ihrem Bau im 13. Jahrhundert wurde hier Korn geschrotet, bis die Mühle im Jahre 1736 abbrannte. Ein Jahr später wurde sie als Neue Mühle wieder errichtet. Heute ist das Museum Neue Mühle an der Schlösserstraße Technisches Denkmal und Mühlenmuseum zugleich. Nicht nur zur Freude der Kinder kann man hier der Vergangenheit auf die Spur kommen und auch beim Schauschroten zusehen.

The Gera is still the engine that sets the mill in motion. Grain was ground here since its construction in the 13th century, until the mill burned down in 1736. A year later it was rebuilt as the New Mill. Today the New Mill Museum on Schlösserstrasse is a technical monument and a mill museum at the same time. You can trace the course of history here and also watch how grain is ground – a delight not only for children.

Comme autrefois, c'est la Gera qui fait tourner le moulin. Déjà au 13e siècle il servait à égruger le blé. Il brûla en 1736 mais fut reconstruit un an plus tard et devint le Nouveau Moulin. Le musée du Nouveau Moulin dans la Schlösserstraße est à la fois un monument technique et un musée. Les enfants ne sont pas les seuls à redécouvrir avec joie le passé et à regarder moudre le grain.

Der frühere Kurmainzische Pack- und Waagehof von 1711 hat sich seit über 100 Jahren der Kunst verschrieben. Schon 1886 eröffnete hier eine Gemäldegalerie. Heute umfaßt die Sammlung des Angermuseums Plastiken, Landschaft malerei, Graphiken und Kunsthandwerk vom Mittelalter bis zur Moderne.

The former Kurmainz Packing and Weighing Yard dating from 1711 has been devoted to art for over 100 years. A painting gallery was open ed here as early as 1886. Today the collection o the Anger Museum contains sculptures, landscape painting, graphic art and craftsmanship from the Middle Ages to the modern age.

L'ancienne maison de pesage et d'empaquetage des princes-électeurs de Mayence de 1711 est dédiée aux arts depuis plus de 100 ans. Une galerie de peinture y fut aménagée dès 1886: Le collections de l'Angermuseum comprennent aujourd'hui des sculptures, des dessins, des peintures de paysages et des objets d'artisanat allant du Moyen Age aux temps modernes.

Neben Thüringer Porzellan und Fayencen (kl. Foto) stellt der Heckel-Raum ein Juwel besonderer Art dar. Das Werk des sächsischen Malers und Graphikers aus dem Jahre 1923 gilt als seltenes Zeugnis expressionistischer Wandmalerei. Der Raum im Erdgeschoß konnte die Zeit des Nationalsozialismus nur überdauern, weil sein Zugang unkenntlich gemacht worden war.

In addition to Thuringian porcelain and faience (small photo), the Heckel Room represents a gem of a special kind. The work of the Saxon painter and graphic artist from the year 1923 is considered to be a rare example of expressionist mural painting. The room on the ground floor was able to survive the Nazi period only because its entrance was made unrecognizable.

En plus de la porcelaine et de la faïence de Thuringe (petite photo), la salle Heckel contient un trésor d'une nature toute particulière. L'œuvre du peintre et dessinateur saxon de 1923 est un rare exemple de peinture murale expressionniste. Elle ne survécut à la période nationale socialiste que grâce à la dissimulation de l'entrée.

Nirgendwo läßt sich so vielseitig auf Tuchfühlung mit dem Mittelalter gehen wie im Angermuseum. Die Kunstsammlung aus dieser Epoche zählt zu den geschlossensten ihrer Art im mitteldeutschen Raum.
Sogar auf einen echten »Spitzweg« braucht niemand zu verzichten: Die Gemäldegalerie mit deutscher und speziell thüringischer Malerei vom Ausgang des 17. Jahrhunderts bis zur Gegenwart ist ein beliebter Publikumsmagnet.

Nowhere else can one get so close to the Middle Ages as in the Anger Museum. The art collection from this epoch numbers among the most well-rounded of its kind in central Germany.
No one even has to do without a genuine "Spitzweg": the painting gallery with German and especially Thuringian paintings from the end of the 17th century up to the present is a popular magnet for the public.

Nulle part ailleurs on ne pourra mieux se retremper dans l'atmosphére du Moyen Age que dans l'Angermuseum. Les collections de cette époque forment un ensemble parmi les plus homogènes du centre de l'Allemagne.
Et point n'est besoin de renoncer à un authentique «Spitzweg»: La gelerie de peinture avec des œuvres allemandes, de Thuringe en particulier, allant du début du 17e siècle à l'époque contemporaine, exerce un grand attrait sur le public.

»Zum Stockfisch« taufte ein reicher Waidhändler sein Haus, in das er 1607 einzog. Die üppig verzierte Fassade ist nicht nur Blickfang, sondern hat es auch in sich: Hier hat sich das Museum für Stadtgeschichte eingerichtet.

A rich trader in dyer's woad named his house "Zum Stockfisch", which he moved into in 1607. The lavishly ornamented facade is not only an eye-catcher on the outside: the Museum for Town History has been set up here.

Un riche marchand de pastel appela «Zum Stockfisch» la maison dans laquelle il emménagea en 1607. Dans cet édifice à l'ornementation exubérante se trouve le musée de l'histoire de la ville.

Das Museum für thüringische Volkskunde fand in einem der ältesten Steinhäuser Erfurts sein Zuhause. Das Gebäude aus dem 16. Jahrhundert diente bis 1890 als Verwaltungszentrale für das »Große Hospital«. Das Museum gilt als eines der bedeutendsten volkskundlichen Sammlungen in den neuen Bundesländern. Die Ausstellungen im alten »Herrenhaus« vermitteln einen Eindruck von Kultur und Lebensweise der

The Museum for Thuringian Folklore found its home in one of Erfurt's oldest stone houses. The 16th century building served to 1890 as central administration office for the "Big Hospital". The museum is regarded as one of the most significant collections of folklore in the new federal states (of former East Germany). The exhibitions in the old "manor house" convey an impression of the culture and life style of Thüringen's

Le musée des traditions locales de Thuringe a été aménagé dans l'une des plus vieilles maisons de pierre d'Erfurt. Cet édifice du 16e siècle abritait jusqu'en 1890 l'administration du «Grand Hôpital». Ce musée contient l'une des plus importantes collections ethnologiques des nouveaux lands de la République Fédérale. Les expositions dans la vieille «Herrenhaus» illustrent la culture et le mode de vie des habi-

Bevölkerung Thüringens vom 17. bis 20. Jahrhundert. Der bäuerlichen Haus- und Hofwirtschaft ist ein besonderer Komplex gewidmet.
Im Volkskundemuseum dreht sich keineswegs alles um Trachten und Bräuche. Auch der Alltag der Blaudrucker, Glasbläser, Köhler, Griffel- und Maskenmacher wird wieder lebendig. Und wer sich für das Original-Rezept der Thüringer Klöße interessiert, ist hier ebenso an der richtigen Adresse wie die, denen noch nie ein Strohbär begegnet ist.

population from the 17th to the 20th century. A special complex is devoted to rural housekeeping and farming (photo).
By no means does everything revolve around costumes and customs in the Folklore Museum. The everyday life of blue-printers, glass-blowers, charcoal burners, slate pencil and mask makers becomes alive again. And those who are interested in the original recipe of Thuringian dumplings have come to the right place here just as those who have never encountered a straw bear.

tants de Thuringe du 17 au 20e siècle. La maison paysanne et les bâtiments de ferme forment un complexe séparé.
Dans le musée des traditions locales il n'est pas uniquement question de coutumes et de costumes locaux. La vie quotidienne du teinturier, du souffleur de verre, du charbonnier, du confectionneur de masques et de crayons d'ardoise revit sous nos yeux. Et qui s'intéresse à la recette authentique des quenelles de Thuringe est ici à la bonne adresse, de même que tous ceux qui n'ont jamais vu d'ours en paille.

Die Citadelle Petersberg ist die einzige weitgehend erhaltene Stadtfestungsanlage Mitteleuropas. Auf dem Gelände eines früheren Benediktiner-Klosters wurde diese Anlage mit ihren beeindruckenden Außmaßen in den Jahren 1664–1707 angelegt. Die Erschließung und Erhaltung des Petersberges gehört mit seinen zahlreichen Zeugnissen deutscher und europäischer Bau- und Kulturgeschichte zu den aufwendigsten denkmalpflegerischen Aufgaben unserer Zeit. Ein besonderes Erlebnis ist eine Führung zur Erkundung des weitverzweigten Minenlabyrinths zu später Stunde, wenn mit

The Petersberg citadel constitutes the only extensively preserved city fortifications in central Europe. This fortress with its impressive proportions was set up on the grounds of a former Benedictine monastery from 1664–1706. The work involved in opening up and preserving Petersberg, with its numerous testimonies of German and European architectural and cultural history, numbers among the most complex and costly projects for the preservation of historical monuments of our age. A special experience is an exploratory tour of the extensive mine labyrinth at a late hour when

La citadelle de Petersberg est la seule fortification d'une ville d'Europe centrale qui soit encore en grande partie intacte. Ce complexe aux proportions impressionnantes fut érigé entre 1664 et 1707 à l'emplacement d'une ancienne abbaye bénédictine. L'aménagement et l'entretien du Petersberg avec ses nombreux témoins de l'histoire de la culture et de l'architecture en Allemagne et en Europe constituent l'une des tâches les plus considérables de conservation de monuments de notre époque. Une visite guidée dans le vaste labyrinthe des galeries souterraines, la nuit, lorsque les

Fackeln die Kasematten und Minengänge der Festung erhellt werden. Nach einer Besichtigung der unterirdischen Minengänge sollte man den einmaligen Blick vom Festungsplateau auf die Stadt nicht versäumen.
In einer Ausstellung im ehemaligen Kommandantenhaus wird der Soldatenalltag aus vergangenen Zeiten wieder lebendig und die ehemalige Peterskirche widmet sich dem Heute, wie hier z. B. mit der Ausstellung »Konkrete Kunst«.

the casemates and mine passages of the fortress are illuminated. After a tour of the underground mine tunnels you should not fail to take in the unique view of the city from the fortress plateau.
The everyday life of soldiers in past epochs comes alive again in an exhibition at the former commander's house while the former Peterskirche is devoted to the present, such as here in the "Concrete Art" exhibition.

casemates et les souterrains sont éclairés par des torches est une expérience très particulière. Il ne faut pas manquer, non plus, de contempler du plateau de la forteresse la vue exceptionnelle sur la ville.
L'exposition dans l'ancienne maison du commandant fait revivre le quotidien des soldats de jadis et l'ancienne église de la forteresse se consacre au temps présent en présentant des expositions comme celle-ci, par exemple, intitulée «L'Art Concret».

Schätze vor der Haustür

Wer durch Erfurt bummelt, dem blüht so einiges. Zum Beispiel im Stadtpark (oben) oder dem Cyriaksberg. Zu Recht bezeichnet man die ega als Garten Thüringens. Aus dem 1959 entstandenen »iga-Park« wurde der heutige ega Garten- und Freizeitpark mit seinen vielen Themengärten, Pflanzenschau- und Schmetterlingshaus, japanischen Garten und dem »schönsten Spielplatz« Thüringens, wo die Kleinen unter anderem auch die Tiere ihrer Heimat in einem Bauernhaus-Ensemble erleben können.

Those who stroll through Erfurt are revealed many a blossom. In the Town Park (above), for example, or at the horticultural exhibition on Cyriaksberg. The ega is justifiably called the garden of Thuringia in Erfurt. "iga Park", which came into being in 1959, has been turned into the present ega Garden and Amusement Park with numerous theme gardens, a plant display house, a butterfly house, a Japanese garden and Thuringia's "most beautiful playground", where the little ones can experience, among other things, the animals of their native region in a farmhouse ensemble.

Les floraisaons ne laisseront pas le promeneur indifférent, celles du Stadtpark ou de l'exposition horticole du Cyriaksberg, par exemple. C'est avec raison que l'on appelle l'ega, dans la d'Erfurt, le jardin de Thuringe. Le «parc d'iga», créé en 1959, est devenu l'actuel jardin et parc de loisir d'ega avec ses nombreux jardins à thèmes, ses expositions de plantes, sa maison des papillons, son jardin japonais et le «plus beau terrain de jeux» de Thuringe où les petits peuvent se familiariser avec les animaux de leur région dans un ensemble de bâtiments de ferme.

Im 15. Jahrhundert sollte die Cyriaksburg Erfurt vor feindlichen Angriffen schützen. 1925 erwarb die Stadt das Gelände; in der ehemaligen Kaserne wird heute der Garten- statt der Kriegskunst gehuldigt. Das Museum für Gartenbau gewährt einen Einblick in die Entwicklung von der Renaissance bis zur Neuzeit. Vom Aussichtsturm hat man einen herrlichen Blick auf Erfurt und das Thüringer Land.

In the 15th century the Cyriaksburg was supposed to protect Erfurt from enemy attacks. In 1925 the city acquired the grounds; today horticulture instead of fighting is carried out in the former barracks. The Museum for Horticulture provides an insight into the development from the Renaissance up to modern times. The observation tower offers a marvelous view of Erfurt and Thüringer Land.

Au 15e siècle le Cyriaksburg servait à la défense d'Erfurt. La ville fit l'acquisition du complexe en 1925. Dans l'ancienne caserne c'est l'art des jardins qui est aujourd'hui à l'honneur et non plus les arts martiaux. Le musée de l'horticulture renseigne sur le développement depuis la Renaissance jusqu'aux temps modernes. De la tour panoramique l'on a une vue magnifique sur Erfurt et tout le pays de Thuringe.

Natürlich trifft man im Thüringer Zoopark Erfurt Elefanten, Affen und Giraffen. Doch bereits seit seiner Gründung Anfang der 60er Jahre widmen sich Experten besonders der Bewahrung seltener Haustierrassen. Hinter den Zookulissen laufen Zuchtprogramme für Thüringer Waldesel, Landziegen, Rhönschafe und Heidschnucken.

Of course, one encounters elephants, monkeys and giraffes at the Thüringen Zoopark Erfurt. However, since its founding at the beginning of the 60's experts have been devoting themselves in particular to maintaining rare breeds of domestic animals. Behind the zoo scenes breeding programs for Thuringian donkeys, goats, Rhön sheep and "Heidschnucken" moorland sheep.

Bien sûr il y a des éléphants, des singes et des girafes dans le zoo d'Erfurt. Pourtant c'est à la préservation d'espèces rares d'animaux domestiques que le musée se dédie depuis sa fondation au début des années soixante. Dans les coulisses du zoo des programmes sont mis sur pied pour l'élevage de «l'âne des bois de Thuringe», des chèvres «Landziegen», des «moutons de la Rhön» et des «Heidschnucken».

Einen Abglanz von Sanssouci vermittelt das bezaubernde Rokoko-Schloß Molsdorf. Der lebenslustige Reichsgraf und Diplomat Adolf von Cotter ließ es 1745 für seine rauschenden Feste umbauen (oben). Wer in Thüringen weilt, kommt an Weimar nicht vorbei. Hier wirkten Goethe, Schiller und Liszt. 1919 tagte im Deutschen Nationaltheater (Foto) die Weimarer Nationalversammlung und legte den Grundstein für die erste deutsche Republik.

The captivating rococo palace of Molsdorf conveys a reflection of Sanssouci. The count and diplomat, Adolf von Cotter, with a zest for life, had it rebuilt for his glittering parties (above). Whoever tarries in Thüringen cannot avoid Weimar. Goethe, Schiller and Liszt worked here. In 1919 the Weimar National Assembly convened in the German National Theater (photo) and laid the foundation stone for the first German republic.

Le merveilleux château rococo de Molsdorf est un reflet de celui de Sanssouci. Le joyeux comte et diplomate Adolf von Cotter le fit reconstruire en 1745 pour ses fêtes somptueuses (ci-dessus). Qui séjourne en Thuringe se doit de passer par Weimar. Ici vécurent Goethe, Schiller et Liszt. En 1919 l'assemblée nationale de Weimar se réunit dans le Théâtre National Allemand (photo) et posa les fondations de la première république allemande.

Seit dem Fall der Mauer 1989 kann sich vor allem die Wartburg im Thüringer Wald des Besucheransturms kaum erwehren. Der Überlieferung zufolge wurde sie 1067 durch Graf Ludwig den Springer als hölzerne Befestigungsanlage gegründet. Berühmtheit erlangte die Wartburg durch den sagenumwobenen Sängerkrieg im 13. Jahrhundert, durch Luther, der hier das Neue Testament übersetzte, und das Wartburgfest von rund 500 deutschen Studenten im Jahre 1817 – zur Erinnerung an den Reformationsbeginn und die Völkerschlacht von Leipzig. Heute wie damals bildet eine Zugbrücke den einzigen Zugang. Als Hauptattraktionen gelten das spätromanische Landgrafenhaus mit dem Sängersaal, der prunkvolle Festsaal sowie die Fresken von Moritz von Schwind aus dem 19. Jahrhundert.

Since the fall of the Wall in 1989, expecially Wartburg in the Thuringian Forest can hardly hold back the waves of visitors. According to tradition, it was founded by Count Ludwig den Springer as a wooden fortress in 1067. Wartburg attained fame by virtue of the legendary Choral War ("Sängerkrieg") in the 13th century, by virtue of Luther, who translated the New Testament here, and the Wartburg Festival of roughly 500 German students in 1817 – in memory of the beginning of the Reformation and the Battle of the Nations at Leipzig. Today as then a drawbridge forms the only access. The main attractions include the late Romanesque landgrave house with the Choral Room, the splendid banqueting hall as well as the frescoes by Moritz von Schwind from the 19th century.

Depuis la chute du mur en 1989, la Wartburg, en particulier, dans la forêt de Thuringe, a peine à résister à l'assaut des visiteurs. La tradition veut que le comte Ludwig der Springer bâtit ici des fortifications de bois en 1067. La Wartburg fut rendue célèbre, au 13e siècle, par la légendaire guerre des Minnesänger, puis par Luther qui y traduisit le Nouveau Testament et par la fête de la Wartburg, célébrée par quelques 500 étudiants allemands en 1817 en mémoire du début de la Réforme et de la Bataille des Nations de Leipzig. Aujourd'hui comme alors, elle n'est accessible que par un pont-levis. Les principales attractions en sont la maison du comte, de style roman tardif, avec la salle des troubadours, la somptueuse salle des fêtes de même que les fresques de Moritz von Schwind du 19e siècle.

Chronik

742
Erste urkundliche Erwähnung (Bonifatius bittet Papst Zacharias, das neue Bistum Erphesfurt zu bestätigen)
1268
Landerwerb ermöglicht größeren Handel, Anbau und Verbreitung von Waid
1392
Eröffnung der Universität als fünfte Hochschule im deutschsprachigen Raum
1473
Erster Druck eines Ablaßbriefes mit beweglichen Lettern
1480
Baubeginn der Cyriaksburg
1501–11
Luther studiert in Erfurt und lebt als Mönch im Augustinerkloster
1518
Adam Riese vollendet sein erstes Rechenbuch
1538–1607
Entstehungszeit stattlicher Bürgerhäuser
1769–72
Christoph Martin Wieland lehrt an der Universität
1802
Erfurt wird preußisch
1806
Provinz Erfurt unter französischer Verwaltung
1808
Napoleon trifft Goethe anläßlich des Fürstenkongresses
1814
Preußen übernehmen wieder die Macht in Erfurt
1816
Schließung der Universität
1847
Bau der thüringischen Eisenbahn
1891
SPD beschließt »Erfurter Programm« im Kaisersaal
1945
Zerstörung großer Teile des Augustinerklosters und des Collegium Majus
1950
Erfurt wird Landeshauptstadt Thüringens
1961
1. Internationale Gartenbauausstellung
1970
Historische Treffen des bundesdeutschen Kanzlers Willy Brandt und des damaligen Vorsitzenden des Ministerrates der DDR, Willi Stoph, im »Erfurter Hof«.
1989
Friedliche Revolution in der DDR, Fall der Mauer
1990
Beitritt zum Grundgesetz der Bundesrepublik, Landtagswahl in Thüringen, erste gesamtdeutsche Bundestagswahl
1991
Erfurt wieder Landeshauptstadt von Thüringen
1992
1250-Jahr-Feier, Aktivitäten zur Wiederbegründung der Universität
2003
Eröffnung des neuen Opernhauses

Chronicle

742
First documentary mention (Bonifatius asks Pope Zacharias to confirm the new diocese of Erphesfurt)
1268
Large-scale land acquisiton make trade, growing and spread of dyer's woad possible
1392
Opening of the university as fifth school of higher learning in the German-speaking regions of Europe
1473
First printing of a letter of indulgence with movable letters
1480
Beginning of construction of Cyriaksburg
1501–11
Luther studies in Erfurt and lives as monk in Augustinian monastery
1518
Adam Riese completes his first mathematics book
1538–1607
Period in which stately town houses are built
1769–72
Christoph Martin Wieland teaches at the university
1802
Erfurt becomes Prussian
1806
Province of Erfurt under French administration
1808
Napoleon meets Goethe at Royal Congress
1814
Prussians take power in Erfurt again
1816
Closing of the university
1847
Building of the Thuringian railway
1891
Social Democratic Party (SPD) adopts "Erfurt Program" in Imperial Room
1945
Destruction of large sections of the Augustinian monastery and of Collegium Majus
1950
Erfurt becomes state capital of Thüringen
1961
1st international Horticultural Exhibition
1970
Historical meeting between West German Chancellor Willy Brandt and the then Chairman of the Council of Ministers, Willi Stoph, in "Erfurter Hof"
1989
Peaceful revolution in East Germany, fall of the Wall
1990
Accession to Constitution of the Federal Republic of Germany, state parliamentary election in Thüringen, first national Bundestag election for entire Germany
1991
Erfurt again state capital of Thüringen
1992
1250-year-celebration, activities for re-establishment of the university
2003
Opening of new opera house

Histoire

742
Première mention dans les chroniques (Boniface demande au pape Zacharie de reconnaître l'évêché d'Erphesfurt)
1268
Commerce, culture et extension du pastel permettant au conseil de la ville d'obtenir beaucoup de terres
1392
Ouverture de l'université
1473
Une bulle d'indulgence est imprimée. C'est la premièr impression
1480
La construction du Cyriaksburg est commencée
1501–11
Luther étudie à Erfurt. Moine au monastère des Augustins
1518
Adam Riese termine son premier manuel d'arithmétique
1538–1607
Construction d'imposantes maisons bourgeoises
1769–72
Christoph Martin Wieland enseigne à l'université
1802
Erfurt passe à la Prusse
1806
La province Erfurt sous administration française
1808
Rencontre de Napoléon et de Goethe à l'occasion d'ur congrés princier
1814
Erfurt passe de nouveau à la Prusse
1816
Fermeture de l'université
1847
Construction du chemin de fer de Thuringe
1891
Le SPD conclue le «Programme d'Erfurt»
1945
Le monastère des Augustins et le Collegium Majus sont en grande partie détruits
1950
Erfurt devient capitale du land de Thuringe
1961
Première Exposition Horticole Internationale
1970
Rencontre historique du chancelier de la République Fédérale Willy Brandt et du président du conseil des ministres de RDA Willi Stoph dans l'«Erfurter Hof»
1989
Révolution paisible en RDA. Chute du mur
1990
Adoption de la constitution de la République Fédérale Elections à la diète de Thuringe. Premières élections de toute l'Allemagne à la diète fédérale
1991
Erfurt de nouveau capitale du land de Thuringe
1992
1250e anniversaire, activités pour la réouverture de l'université
2003
Mise en service du nouvel opéra